Detectives de materiales: Papel

Miremos tiras cómicas

Angela Royston

Heinemann Library
Chicago, Illinois

Customer Service   888-454-2279

Visit our website at www.heinemannlibrary.com

Printed and bound in China by South China Printing Company Limited
Translation into Spanish produced by DoubleO Publishing Services
Photo research by Erica Newbery

10 09 08 07 06
10 9 8 7 6 5 4 3 2 1

Library of Congress Cataloging-in-Publication Data
Royston, Angela.
   [Paper. Spanish]
   Papel : miremos tiras comicas / Angela Royston.
        p. cm. -- (Detectives de materiales)
   Includes index.
   ISBN 1-4034-7544-X (hb : library binding) -- ISBN 1-4034-7553-9 (pb)
  1. Paper--Juvenile literature. 2. Comic books, strips, etc.--Juvenile literature. I. Title.
   TS1105.5.R6918 2005
   620.1'97--dc22

                                                        2005032163

Acknowledgments
The author and publishers are grateful to the following for permission to reproduce copyright material:
Martin Meyer/Zefa pp. **18**, **23** (boots); Tudor Photography/Harcourt Education Ltd pp. backcover (book and plate), **4**, **5**, **6**, **7**, **8**, **9**, **10**, **11**, **12**, **13**, **14**, **15**, **16**, **17**, **19**, **20**, **21**, **22**, **23** (all except boots), **24**.

Cover pictures of cartoon characters reproduced with thanks to D.C Thompson and Co.

Every effort has been made to contact copyright holders of any material reproduced in this book. Any omissions will be rectified in subsequent printings if notice is given to the publisher.

Many thanks to the teachers, library media specialists, reading instructors, and educational consultants who have helped develop the Read and Learn/Lee y aprende brand.

Algunas de las palabras aparecen en negrita, **como éstas**. Aparecen en el glosario en la página 23.

Contenido

¿Qué son tiras cómicas?

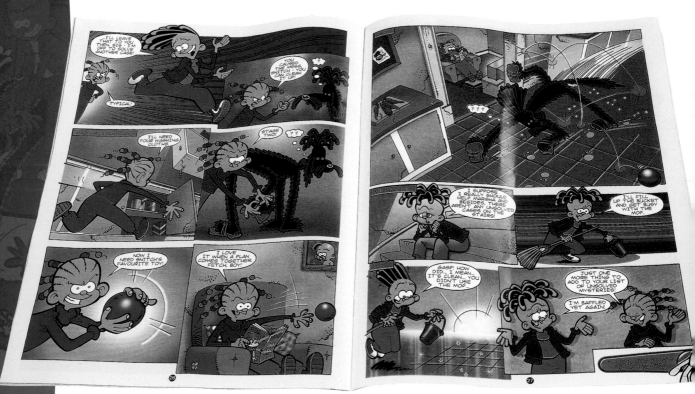

Son un libro con historias.

Las historias se cuentan con muchos dibujos y palabras.

Puedes leer las tiras cómicas.

Muchas de las historias son cómicas.

¿De qué están hechas las tiras cómicas?

Las tiras cómicas están hechas de papel.

Puedes dibujar y escribir sobre el papel.

El papel se usa para hacer tiras cómicas.

Las palabras y los dibujos se pueden imprimir sobre el papel con **tinta**.

¿Son livianas o pesadas las tiras cómicas?

Un libro de tiras cómicas se siente **liviano**.

Esto es porque las páginas están hechas con papel fino.

libro de biblioteca

tiras cómicas

servilleta

pañuelo de papel

Todas estas cosas están hechas de papel.

¿Hay alguna más pesada que las tiras cómicas?

9

El libro de biblioteca es más pesado que las tiras cómicas.

Tiene una tapa dura.

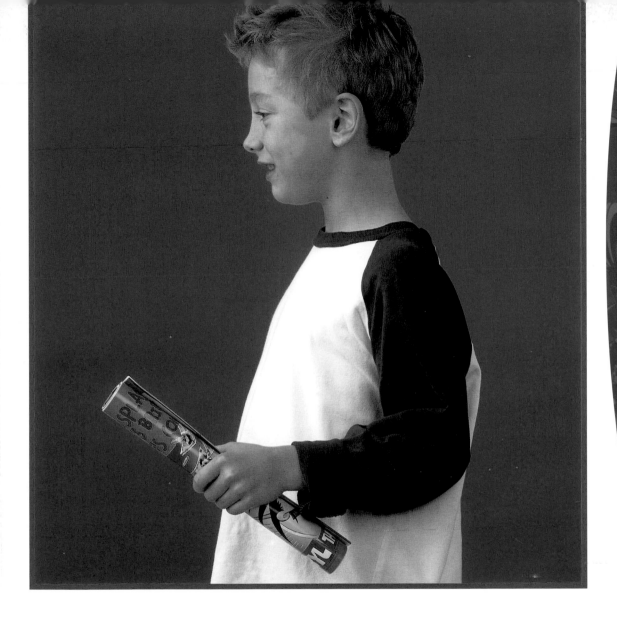

Las tiras cómicas tienen muchas páginas.

Pero son tan **livianas** que puedes llevarlas contigo fácilmente.

¿Son rígidas o flexibles las tiras cómicas?

Las tiras cómicas no son **rígidas**.

Las tiras cómicas son tan flexibles que puedes enrollarlas.

El papel es tan flexible que puedes doblar las páginas de las tiras cómicas por la mitad.

¿Cuán resistentes son las tiras cómicas?

Las tiras cómicas no son muy resistentes.

Es muy fácil **despedazar** el papel.

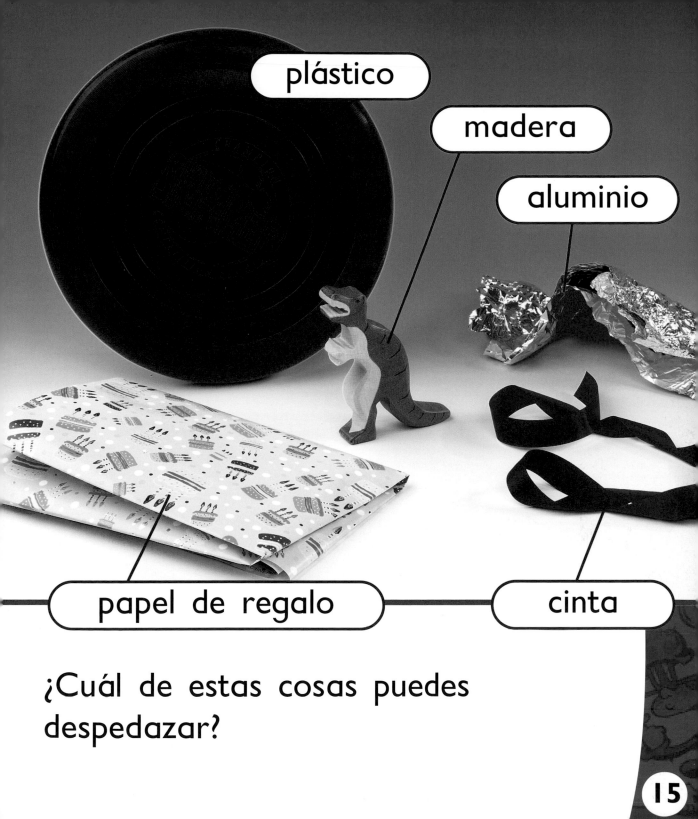

plástico

madera

aluminio

papel de regalo

cinta

¿Cuál de estas cosas puedes despedazar?

Puedes **despedazar** el papel de aluminio y el papel.

O puedes cortarlos con tijeras.

También puedes cortar los dibujos de las tiras cómicas. Pregúntale a un adulto antes de usar las tijeras para cortar tus tiras cómicas.

¿Es impermeable el papel?

El agua no puede **empapar** las cosas que son **impermeables**.

Las botas plásticas son impermeables.

¿Son impermeables las tiras cómicas?

¿Qué pasa si mojas las tiras cómicas?

Parte del agua **empapa** las tiras cómicas.

El agua hace que las tiras cómicas estén empapadas. ¡Es difícil leer tiras cómicas empapadas!

Prueba breve

¡Las tiras cómicas son más grandes que la bolsa!

¿Cómo puedes meter las tiras cómicas dentro de la bolsa?

Busca la respuesta en la página 24.

?   ?

Glosario

tinta
líquido usado para imprimir palabras y dibujos

liviano
no pesado

rígido
duro y difícil de doblar

despedazar
romper o separar en partes

empapar
mojar completamente

impermeable
no permite que se empape con agua

Índice

Respuesta a la prueba breve de la página 22

Puedes enrollar las tiras cómicas para que entren en la bolsa. También puedes doblarlas por la mitad para que entren en la bolsa.

Nota a padres y maestros

Leer para informarse es parte importante del desarrollo de la lectura en el niño. El aprendizaje comienza con una pregunta sobre algo. Ayuden a los niños a pensar que son investigadores y anímenlos a hacer preguntas sobre el mundo que los rodea. Cada capítulo en este libro comienza con una pregunta. Lean juntos la pregunta. Fíjense en las imágenes. Hablen sobre cuál piensan que puede ser la respuesta. Después lean el texto para averiguar si sus predicciones fueron correctas. Piensen en otras preguntas que podrían hacer sobre el tema y comenten dónde podrían buscar las respuestas. Ayuden a los niños a utilizar el glosario ilustrado y el índice para practicar un nuevo vocabulario y destrezas de investigación.